단점을 장점으로 바꿔요!

사람은 누구나 크고 작은 단점을 가지고 있어요.
외모가 잘나지 못한 사람도 있고, 사람들 앞에 서면
말을 잘 못 하는 사람도 있고, 몸이 약한 사람도 있어요.
단점 때문에 자신감을 잃고 자신이 초라하게 느껴진다고요?
단점이 있다 해서 절대 슬퍼하거나 풀이 죽어 지내지 마세요.
외모가 잘나지 못해서, 겁이 많아서, 몸이 약해서 꿈을 이루지
못하는 것은 아니에요. 희망을 잃지 않고 꿈을 이루기 위해
열심히 노력하면 얼마든지 성공할 수 있어요. 단점 때문에
고민하는 친구들은 모두 오세요. 단점을 장점으로 바꾼
멋진 사람들의 감동적인 이야기를 듣고
여러분의 꿈을 이루도록 해요.

추천 감수 권치순

서울대학교에서 과학교육과와 동 대학원을 마치고, 연세대학교에서 박사 학위를 받았습니다. 한국교육개발원에서 책임연구원(과학교육연구실장)으로 있으면서 우리나라 초·중·고등학교 과학 교육과정과 교과서를 연구·개발하였고, 지금은 서울교육대학교 과학교육과 교수(학과장)로 재직 중입니다. 서울교육대학교 과학영재교육원장을 역임하였고, 2007년 개정 교육과정에 따른 초등학교 3~4학년 차세대 과학 교과서 집필 책임자로 일하고 있습니다. 최근에 지은 책으로 〈창의적 문제 해결력을 키워라〉, 〈탐구 활동을 통한 과학 교수법〉, 〈지구과학 교육론〉, 〈지구과학 교수 학습론〉 등이 있습니다.

추천 감수 김택민

고려대학교 문과대학 사학과를 졸업하였으며, 동 대학원에서 박사 학위를 받았습니다. 현재 고려대학교 사범대학 역사교육과 교수로 재직 중입니다. 위진수당사학회 회장 및 동양사학회 간사를 역임하였으며, 현재는 동양사학회 회장으로 활동하고 있습니다. 지은 책으로 〈3000년 중국 역사의 어두운 그림자〉, 〈중국 토지경제사 연구〉, 〈동양법의 일반 원칙〉, 〈역주당육전 상·중·하〉 등이 있습니다.

글 김경희

대학을 졸업하고, 어린이를 위한 글쓰기를 해 왔습니다. 한국아동문학회와 한국문인협회 회원으로 활동하고 있습니다. 지금은 다양한 내용의 어린이 책을 집필하고 있습니다. 지은 책으로는 〈쉿! 경제 사냥꾼을 조심해〉, 〈세상 모든 경제학자의 경제 이야기〉, 〈세계로 가는 무역〉, 〈괴짜 도둑들의 생태계 여행〉, 〈아찔아찔 화학, 황금 비밀을 찾아라!〉, 〈내가 알고 있는 게 진짜일까?〉, 〈슈바이처〉, 〈라이트 형제〉, 〈콩 요정의 숨바꼭질〉 등이 있습니다.

그림 이미정

대학에서 응용미술을 전공하고, 뉴욕 전속 텍스타일리스트로 활동하였습니다. 1992년 한국미술출판대전 어린이 그림 동화 부문에서 우수상을 받은 뒤, 어린이를 위한 그림을 그리고 있습니다. 현재 출판미술협회 회원이며, 그린 책으로 〈나눌수록 커지는 하나〉, 〈죽은 쥐 한 마리로〉, 〈화가 이야기〉, 〈흥겨운 가락 전통 악기〉 등이 있습니다.

이 책의 표지는 일반 용지보다 1.5배 이상 고가의 고급 용지인 드라이보드지를 사용하여 제작하였습니다. 표지를 드라이보드지로 제작하면 습기의 영향을 덜 받기 때문에 본문 용지가 잘 울지 않고, 모양이 뒤틀리지 않아 책을 오랫동안 보존할 수 있습니다.

이 책은 기존의 석유 잉크 대신 친환경 식물성 원료인 대두유 잉크를 사용하여 인쇄하였습니다. 대두유 잉크는 선진국에서 널리 사용하고 있는 고가의 대체 잉크로, 휘발성이 적어 인쇄 상태의 보존이 용이하고, 인체에 무해할 뿐만 아니라 눈에 부담을 주지 않는 자연스러운 색을 내는 특징이 있습니다.

판도라 교육동화 24 위대한 인물 이야기 **칭기즈 칸은 겁쟁이였다**

발행인 박희철 **발행처** 한국헤밍웨이 **출판신고** 제406-2013-000056호
주소 경기도 성남시 분당구 금곡동 444-148 **대표전화** (031)715-7722 **팩스** (031)786-1001
편집 김양미, 김범현 **디자인** 조수진, 우지영, 성지현, 한지희 **사진제공** 이미지클릭, 중앙포토

전 30권

⚠ 주의 : 본 교재를 던지거나 떨어뜨리면 다칠 우려가 있으니 주의하십시오. 고온 다습한 장소나 직사광선이 닿는 장소에는 보관을 피해 주십시오.

칭기즈 칸은 겁쟁이였다

글 김경희 | 그림 이미정

한국헤밍웨이

상상 속에서 행복했던 외톨이 소년
- 안데르센

어린 안데르센이 혼자 인형놀이를 하고 있었어요.

남자아이들은 그런 안데르센을 보고 흉을 보았어요.

안데르센은 친구가 없는 외로운 아이였답니다.

친구들과 잘 어울리지 못했기 때문에 이렇게 인형놀이를 하거나

혼자 상상을 하며 놀았지요.

일곱 살 때, 안데르센은 처음 극장에 갔어요.

멋진 무대에서 연기를 하는 배우들의 모습은 정말 감동적이었어요.

"우아, 정말 멋지다. 나도 커서 배우가 될 테야."

그날 이후 안데르센은 배우가 될 꿈을 키워 나갔어요.

6

열네 살이 되자 안데르센은 배우가 되기 위해 코펜하겐으로 갔어요.
하지만 그곳에서도 사람들과 잘 어울리지 못했지요.
더구나 안데르센의 연기를 본 사람들의 반응은 너무도 차가웠어요.
"저것도 연기라고 하는 거야? 내가 해도 저것보다 잘하겠네."
사람들이 비웃는 소리를 듣고 안데르센은 크게 실망했어요.
'배우는 내 길이 아니야. 내가 가장 잘할 수 있는 일이 뭘까?'
안데르센은 어린 시절 혼자 놀던 때의 일을 기억해 냈어요.
상상 속에서 이야기를 만들며 지내던 시간은 정말 행복했지요.
"그래! 동화를 쓰는 거야."
안데르센은 외톨이로 지냈던 자신의 경험을 살려 〈미운 아기 오리〉,
〈성냥팔이 소녀〉, 〈인어 공주〉 같은 동화를 써서 큰 인기를 끌었어요.
외톨이 꼬마 소년이 전 세계 어린이들에게 희망과 사랑을
심어 주게 된 거예요.

안데르센 아저씨는 이제 모두가 부러워하는 백조랍니다.

9

세계를 정복한 겁쟁이 - 칭기즈 칸

"아앙!"

천막집 밖에서 겁에 질린 사내아이의 울음소리가 들려왔어요.

어머니와 아버지가 달려가 보니 테무친이 겁에 질려 개를 바라보고 있었어요.

"테무친, 설마 개를 보고 운 것은 아니겠지?"

어머니가 놀란 눈으로 테무친을 바라보았어요.

"아니긴요! 개가 짖어 대니까 갑자기 우는 거예요."

동생인 벡테르가 나서며 말했어요.

"쯧쯧쯧, 사내자식이 개를 무서워하다니!"
아버지는 혀를 차며 천막집으로 들어가 버렸어요.
테무친은 족장의 아들로 태어났지만 어려서부터 겁이 많았어요.
"개를 무서워하는 겁쟁이!"
그날 이후, 사람들은 이렇게 테무친을 비웃었어요.

아양

'칭기즈 칸'은 무슨 뜻일까요?

칭기즈 칸은 '왕 중의 왕', '가장 위대한 왕'
이라는 뜻이에요. 테무친이 몽골 초원의 여
러 부족들을 정복하여 거대한 몽골 제국을
만들었기 때문에 최고의 황제라는 뜻에서
'칭기즈 칸'이라는 칭호를 받았지요.

아홉 살이 되던 해, 테무친의 아버지가 세상을 떠났어요.
테무친은 아버지의 뒤를 이어 부족을 이끌어야 했어요.
"아홉 살짜리가 뭘 할 수 있단 말이오?"
"맞아요! 게다가 테무친은 겁쟁이잖아요."
많은 사람들이 이렇게 말하며 부족을 떠났어요.
이제 초원에는 테무친 가족과 몇몇 사람들만 남았어요.
'난 겁쟁이가 아니야! 내가 겁쟁이가 아니라는 걸 꼭 보여 주겠어.'
테무친은 부족 사람들을 위해 물고기를 잡고 사냥을 했어요.
테무친은 점점 씩씩하고 용감한 청년으로 자랐어요.
"테무친은 믿음직스러운 족장이에요."
날이 갈수록 테무친을 따르는 사람들이 많아졌어요.
1206년 봄, 겁쟁이 테무친은 몽골 제국을 통일하고
두려움이 없는 왕 '칭기즈 칸'이 되었답니다.

장애를 극복하고 우주의 비밀을 풀어낸 과학자 - 스티븐 호킹

스티븐 호킹은 우주 탄생의 비밀을 밝혀낸 천재 물리학자예요.

호킹은 어린 시절 우주에 관심이 많아 밥도 안 먹고 책만 보았어요.

그런데 스물한 살 때 온몸의 근육이 마비되는 루게릭병에 걸렸어요.

호킹의 몸은 날이 갈수록 점점 더 굳어졌어요.

의사는 그가 2, 3년밖에 못 산다고 했어요.

'아, 왜 내가 이런 병에 걸렸을까?'

호킹은 하루하루를 절망 속에서 보냈어요.

그러다가 같은 병실에 있던 소년이 세상을 떠나는 모습을 보게 되었어요.

'저렇게 허무하게 죽고 싶지 않아. 가만히 앉아 죽음만 기다릴 수는 없어.

물리학 연구는 몸이 불편해도 할 수 있어. 난 하고 싶은 일을 할 거야.'

호킹은 팔다리가 마비되고 스스로 말도 할 수 없는 심한 장애를 겪으면서도

결코 포기하지 않고 연구를 계속했어요.

우주에 대해 연구할 때가 가장 행복하니까요.

그 결과 우주의 비밀을 가장 많이 밝혀낸 물리학자가 되었답니다.

스티븐 호킹의 블랙홀

호킹이 내놓은 여러 가지 학설 중 가장 널리 알려진 것이 '블랙홀'이에요. 블랙홀은 별의 중심에 있는 검은 물체로, 한번 빨려 들어간 것은 영원히 빠져나올 수 없다고 해요. 호킹은 세계 여러 나라를 다니며 블랙홀 이론을 알렸어요. 하지만 2004년에 '블랙홀에 빨려 들어가도 빠져나올 수 있다'고 기존의 블랙홀 이론을 수정해서 발표했답니다.

나는 몸은 불편하지만 정신은 저 아이들처럼 또렷해. 나는 물리학을 공부해서 어릴 때 꿈인 우주 과학자가 될 거야.

물리학

15

뚱보라고 놀림 받던 소녀에서 오페라의 여왕으로 – 마리아 칼라스

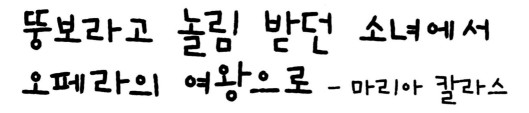

마리아 칼라스는 어릴 때 '뚱보 오리' 라고 놀림을 받던 소녀였어요.

"푸하하, 뚱보 오리다!"

아이들은 마리아를 보면 이렇게 수군거렸지요.

마리아는 아이들의 놀림을 받을 때마다 너무 속상했어요.

"엄마는 왜 나를 이렇게 낳았어요? 뚱뚱하고 예쁘지도 않고."

마리아가 뾰로통한 얼굴로 엄마에게 말했어요.

"마리아, 넌 노래를 잘하잖니."

"하지만 뚱뚱한 몸으로 가수를 할 수는 없잖아요."

"무슨 소리! 아름다운 목소리는 튼튼한 몸에서 나오는 것이란다."

엄마의 이야기를 듣고 마리아의 두 눈이 빛났어요.

'난 뚱뚱하니까 훨씬 아름다운 목소리를 낼 수 있어.'

마리아는 희망을 가졌어요.

> 대신 넌 노래를 잘 부르잖니. 몸이 튼튼하니까 풍부한 목소리가 나오는 거야.

17

마리아는 날마다 즐거운 마음으로 노래 연습을 했어요.

아리따운 마리아의 노랫소리는 바람을 타고 멀리멀리 울려 퍼졌어요.

"우아, 누가 노래를 저렇게 잘 부르지?"

사람들은 하던 일을 멈추고 마리아의 노래를 들었어요.

뚱보 오리라고 놀려 대던 아이들도 황홀한 표정으로 노래를 들었어요.

'나는 뚱뚱하고 예쁘지도 않지만, 내 재능을 살려

세계적인 오페라 가수가 되면 사람들에게 사랑 받을 수 있을 거야.'

마리아는 이렇게 생각하고 더욱더 열심히 노래 연습을 했지요.

사람들은 마리아에게 '하늘이 선물한 목소리' 라고 찬사를 보냈어요.

그렇게 해서 마리아는 전 세계 사람들이 사랑하는

오페라의 여왕이 되었답니다.

제2차 세계 대전을 승리로 이끈 말더듬이 소년 - 처칠

영국 총리를 지낸 윈스턴 처칠은 뛰어난 연설 솜씨로 유명해요.

손가락으로 V(브이) 자를 그리며 연설하는 모습은 정말 멋지지요.

처칠은 어려서부터 말재주가 뛰어났을 것 같다고요?

아니에요. 처칠은 어릴 때 말을 더듬는 버릇이 있었답니다.

그래서 친구들로부터 놀림을 받았지요.

"처, 처칠, 수, 숙제 해, 했어? 하하하!"

친구들이 이처럼 말 더듬는 흉내를 내면 처칠은 나무 뒤로 숨었어요.

그러던 어느 날, 처칠은 사람들이 수군거리는 소리를 듣게 되었어요.

"그 소문 들었어요? 랜돌프 경 큰아들이 꼴찌를 했대요."

"말더듬이 아들 말이에요? 쯧쯧, 가문에 먹칠을 하는군요."

사람들의 말에 처칠은 고개를 푹 숙였어요.

사람들의 존경을 한 몸에 받는 이름난 귀족인 아버지가

자기 때문에 비웃음을 받는다고 생각하니 너무도 창피했지요.

다, 다음에 노, 놀래? 하하하!

21

처칠은 말 더듬는 버릇을 고치기 위해 피나는 노력을 했어요.
입에서 말이 술술 나올 때까지 백 번이든 천 번이든 외우고 또 외웠어요.
그런 노력 덕분에 처칠은 점점 말을 잘하게 되었어요.
그래도 흥분하면 여전히 말을 더듬었어요.
처칠은 말을 더듬을 때마다 더욱더 열심히 연습했어요.
제2차 세계 대전 중에는 영국 총리가 되어 국민들에게 용기를 주는
멋진 연설을 했지요. 처칠의 연설을 듣고 영국 국민들은 하나로 똘똘 뭉쳤고
결국 전쟁을 승리로 이끌 수 있었어요.
말더듬이 소년이었던 처칠은 위대한 웅변가이자 정치가로
영국 국민들의 존경을 한 몸에 받게 되었답니다.

놀림 받던 아이가 최고 조각가가 되다 - 로댕

로댕은 '근대 조각의 아버지'로 불리는 최고의 조각가예요.

로댕은 어린 시절부터 뛰어난 아이였을 것 같다고요?

천만에요. 로댕은 어린 시절 늘 친구들의 놀림을 받던 아이였어요.

유난히 눈에 띄는 짙은 빨간색 머리도 놀림거리였고,

공부를 못한다는 것도 놀림거리였지요.

하루는 로댕이 친구들에게 놀림을 받고 울며 집으로 달려갔어요.

마침 일을 나갔던 누나가 집에 돌아와 있었어요.

"누나, 난 왜 잘난 게 하나도 없어?

공부도 못하고, 못생기고, 머리 색깔도 이상하고."

로댕은 누나를 붙잡고 펑펑 울었어요.

"하지만 넌 뭐든 잘 만들잖아. 너처럼 손재주가 뛰어난 사람은 없어."

누나는 로댕을 따뜻하게 안고 달래 주었어요.

로댕은 누나 말에 용기를 얻었어요. 정말 로댕도 잘하는 게 있었어요.
그림도 잘 그리고 찰흙으로 만들기도 잘했어요.
'친구들보다 공부는 못해도 미술은 자신 있어.'
로댕은 담벼락에 그림을 그리며 꿈을 키워 갔어요.
청년이 된 로댕은 정식으로 조각을 배우고 싶었어요.
하지만 예술 학교 시험에 번번이 떨어지고 말았어요.
'정식으로 조각 공부를 할 수 없다고 해서 포기할 수는 없어.'
로댕은 더욱더 열심히 조각 연습을 했어요.
로댕의 조각은 생생한 사실적 묘사로 비난을 받기도 했어요.
당시 사람들은 사실적인 것보다 기품 있고 아름다운 것을 좋아했거든요.
하지만 로댕은 자신만의 독특한 예술 세계를 펼쳐 나갔어요.
그 결과 최고의 조각품들이 탄생할 수 있었지요.

유럽을 정복한 작은 거인 - 나폴레옹

따스한 햇살 아래 아이들이 전쟁놀이를 하고 있었어요.

"내가 대장이다! 나를 따르라!"

나폴레옹이 이렇게 외치자 아이들이 우르르 앞으로 나섰어요.

"안 돼! 코르시카 섬에서 온 촌뜨기가 대장을 하겠다고?"

나폴레옹은 잠시 생각에 잠겼어요.

이런 일이 처음은 아니었어요.

누구 마음대로? 남들 클 때 뭐 했냐?

내가 대장이다! 나를 따르라!

아이들은 걸핏하면 나폴레옹을 얕잡아 보고 무시했어요.
나폴레옹이 프랑스 식민지인 코르시카 섬 출신인 데다
키도 작고 빼빼 말라 볼품없어 보였기 때문이에요.
"그럼 내가 너희들을 모두 이기면 날 대장으로 뽑을 테냐?"
나폴레옹이 이렇게 묻자 아이들도 동의했어요.
"좋아!"

맞아!
난쟁이에다
촌뜨기가 대장이라니
말도 안 돼!

코르시카에서 온
촌뜨기를 대장으로
뽑을 수는 없어.

결과는 너무도 뜻밖이었어요.

나폴레옹이 대여섯 명이나 되는 아이들을 한꺼번에 이겼거든요.

"나폴레옹은 키는 작지만 대장감이야. 싸움도 잘하고."

아이들은 나폴레옹을 대장으로 인정해 주었어요.

나폴레옹은 단점을 극복하기 위해 책도 많이 읽고 운동도 열심히 했어요.

그런 노력 덕분에 사람들은 나폴레옹을 믿음직스럽게 생각했어요.

훗날, 나폴레옹은 프랑스 황제가 되었어요.

그리고 유럽의 많은 나라들을 정복하여 프랑스를 강한 나라로 만들었지요.

식민지 출신의 키 작은 소년이 유럽을 손아귀에 넣은 거예요.

교육을 못 받아 오히려 개성 있는 화가 – 박수근

'어? 목탄이 다 떨어졌네?'
느릅나무 아래서 혼자 그림을 그리던 수근이는
주섬주섬 붓과 물감을 챙겼어요.
그때 멀리서 왁자지껄 떠드는
아이들의 소리가 들려왔어요.
'수업이 끝났나 보군.'
수근이는 고개를 들고 학교 쪽을
바라보았어요.

수근이는 집안 형편이 너무 어려워서
학교에 갈 수 없었어요.
그래서 학교 다니는 아이들이 정말 부러웠어요.
'나도 학교에 가고 싶어.
이다음에 커서 밀레처럼 훌륭한 화가가 되고 싶은데.'
어느새 수근이의 눈에는 눈물이 그렁그렁 맺혔어요.
수근이는 방금 전에 그린 그림을 가만히 들여다보았어요.
자기가 사는 양구의 풍경이 한눈에 들어왔어요.
그림을 보는 수근이의 표정이 점점 밝아졌어요.

수근이는 두 손으로 눈물을 닦았어요.

그리고 용기를 내서 열심히 그림을 그렸지요.

친구들이 학교에서 공부를 하는 동안

수근이는 학교 뒷동산에 올라 그림을 그렸어요.

사랑하는 가족과 주위 사람들의 모습을 그림 속에 담았어요.

미술 연필도 살 수 없어 뽕나무를 태운 목탄으로 그림을 그렸지만

그림을 그리는 순간만은 너무너무 행복했어요.

가난 때문에 정식으로 미술 교육을 받지 못하고

앞선 서양 예술을 접할 기회도 없었지만,

오히려 그래서 자신만의 독특한 그림을 그릴 수 있었어요.

나는 가난한 사람들의 어진 마음을 그릴 거야.

박수근은 소박하고 평범해 보이는
그림으로 사람들을 감동시켰고,
우리나라 최고의 화가로 인정받았답니다.

가난이 강하게 만든 대통령 - 링컨

흑인 노예를 해방시킨 링컨은 미국에서 가장 존경 받는 대통령이에요.

가난한 집에서 태어난 링컨은 어려서부터 아버지를 도와

힘든 농사일을 해야 했어요. 그러느라 학교도 제대로 못 다녔지요.

하지만 링컨은 가난을 부끄러워하거나 슬퍼하지 않았어요.

밤마다 책을 빌려다 공부를 하며 늘 성실하게 살았지요.

하루는 빌린 책이 비에 홀딱 젖고 말았어요.

어린 링컨은 당황했지만 곧 용기를 내어 책 주인을 찾아갔어요.

"죄송해요. 제 잘못으로 책이 젖고 말았어요.

제가 돈이 없으니 농장에서 일을 해 드리면 안 될까요?"

"참 정직한 아이로구나. 그렇게 하렴."

링컨은 책값 대신 열심히 일했어요.

그러자 책 주인은 성실한 링컨을 칭찬하며 책을 선물로 주었지요.

링컨이 식료품 가게에서 점원으로 일할 때였어요.

"어쩌지?"

링컨이 난처한 얼굴로 중얼거렸어요.

"무슨 일인데 그러니?"

주인아저씨가 물었지요.

"메리 아주머니께 밀가루 값을 너무 많이 받았어요.

주인님, 얼른 돈을 돌려드리고 올게요."

링컨은 이렇게 말하며 자리에서 일어섰어요.

"많지도 않은데 다음에 만나면 드리렴."

"아니에요. 많든 적든 남의 돈을 가지고 있을 수는 없어요."

링컨은 이렇게 말하며 종종걸음으로 가게를 나갔어요.

그리고는 메리 아주머니를 찾아가 돈을 돌려주었지요.

링컨은 열심히 일하는 한편 법률 공부를 하여 변호사가 되었어요.

그리고 1860년 미국의 제16대 대통령으로 당선되었어요.

학교도 못 다닌 가난한 농부의 아들이 미국 대통령이 된 거예요.

정직할 뿐
아니라 성실하고
인정도 많지.

39

몸이 약해서 책벌레가 된 임금 - 세종 대왕

"충녕, 우리랑 사냥 가자!"

첫째 왕자와 둘째 왕자가 셋째 왕자인 충녕에게 말했어요.

"전 말타기가 서투른걸요. 콜록콜록!"

"또 감기 걸린 거냐?"

"네, 어제 찬바람을 좀 쐤더니."

"그럼, 어서 들어가거라."

두 왕자는 충녕을 서둘러 방으로 밀어 넣었어요.

"하하하하."

두 왕자는 뭐가 그렇게 즐거운지 큰 소리로 웃으며 사냥을 떠났지요.

난 몸은 약하지만 학문을 열심히 갈고 닦아서 백성을 위해 좋은 일을 할 거야.

충녕은 형들의 모습을 부러운 듯 물끄러미 바라보았어요.
'나도 몸이 건강하면 형님들이랑 사냥을 갈 수 있을 텐데…….
하지만 괜찮아. 사냥 대신 학문을 더욱더 갈고 닦으면 돼.'
충녕은 마음을 가다듬고 책을 읽기 시작했어요.
충녕이 바로 훗날 한글을 만들어 500년 조선 역사에서
가장 훌륭한 임금으로 인정받은 세종 대왕이랍니다.

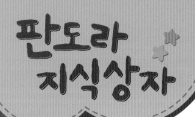
판도라 지식상자

단점을 장점으로 만든 위인들의 삶

우리 주위에는 단점을 극복하고 자신의 꿈을 당당하게 이룬 사람들이 많이 있어요. 단점이 없을 것 같은 위인도 자신의 단점을 극복하기 위해 더욱더 노력한 결과 위대한 업적을 남기게 되었어요. 앞에서 살펴본 그런 위인들의 삶을 간단하게 알아보기로 해요.

⭐ 한스 크리스티안 안데르센(1805~1875년)

덴마크 오덴세에서 가난한 구두장이의 아들로 태어났어요. 연극 배우가 되려 했지만, 변성기 때 목소리가 변해 배우의 꿈을 포기해야 했어요. 그 후 동화를 쓰기 시작했어요. 사람들의 멸시와 냉대가 심했지만 열심히 동화를 써서 전 세계 어린이들에게 사랑 받는 동화를 남겼습니다.

⭐ 테무친(칭기즈 칸, 1162~1227년)

몽골 제국을 통일한 최고의 정복자예요. 족장의 아들로 태어났지만 개를 무서워하는 겁쟁이였대요. 하지만 가족과 부족을 지키기 위해 용기를 키우고, 뿔뿔이 흩어져 있던 부족들을 통일한 뒤 대제국을 세웠지요.

⭐ 스티븐 호킹(1942년~)

영국 옥스퍼드에서 태어났어요. 스물한 살에 루게릭병에 걸린 뒤 몸이 점점 더 마비되어 결국 손가락 두 개만 겨우 움직일 수 있어요. 하지만 우주의 비밀을 밝혀내려는 호킹의 열정은 결코 꺾이지 않았고, 마침내 세계에서 가장 위대한 우주 물리학자가 되었어요.

⭐ 마리아 칼라스(1923~1977년)

미국 뉴욕에서 태어난 오페라 가수예요. 어려서는 뚱뚱하고 덩치가 커서 사람들의 눈길을 끌지 못했지만, 타고난 음악적 재능과 열정적인 노력으로 세계 최고의 오페라 가수가 되었어요.

⭐ 윈스턴 처칠(1874~1965년)

영국의 정치가. 어려서는 몸이 약하고 말도 더듬고 수줍음이 많은 소년이었어요. 육군 사관 학교를 졸업한 뒤 군인이 되어 전쟁터를 누비며 국민적 영웅이 되었어요. 제2차 세계 대전 당시, 영국 총리로 국민들에게 용기를 주는 연설을 했고 전쟁을 승리로 이끌었어요.

⭐ 오귀스트 로댕(1840~1917년)
프랑스 출신의 조각가예요. 로댕의 조각은 주로 인간의 감정을 표현해 내어 사람들의 비난을 받기도 했지요. 하지만 꿋꿋하게 자신의 조각 세계를 표현해 냈고, 재능을 인정받아 '근대 조각의 아버지'로 불리게 되었지요.

⭐ 나폴레옹 1세(1769~1821년)
프랑스의 군인이자 정치가. 뛰어난 전술로 다른 나라와의 전쟁에서 많은 승리를 거뒀어요. 30세에 황제가 되지만 러시아와의 전쟁에서 크게 패한 뒤 엘바 섬으로 쫓겨났어요. 훗날 엘바 섬을 탈출하지만 워털루 전투에서 패하여 세인트헬레나 섬으로 유배되고 그곳에서 죽었습니다.

⭐ 박수근(1914~1965년)
보통학교를 졸업할 무렵 집안 형편이 어려워져 더 이상 학교를 다닐 수 없었어요. 그래서 혼자서 그림 공부를 했지요. 18세에 '조선 미술 전람회'에서 입선을 하고 그 뒤 많은 상을 받았어요. 가난한 이웃의 모습을 소박하게 그린 그의 그림은 가장 한국적인 그림으로 알려져 있어요.

⭐ 에이브러햄 링컨(1809~1865년)
미국의 제16대 대통령. 가난한 농부의 아들로 태어나 혼자 공부하여 변호사가 되었어요. 남북 전쟁에서 흑인 노예 해방을 찬성하는 북군을 이끌었고, 1863년 노예 해방을 선언했어요. 1865년 남부 출신에게 암살당했어요.

⭐ 세종 대왕(1397~1450년)
조선의 제4대 왕. 몸이 약했지만, 어려서부터 학문을 갈고 닦았어요. 임금이 된 뒤 학문을 장려하고 우리글인 훈민정음을 만들었으며 해시계, 측우기 같은 과학 기구를 제작하게 했어요. 압록강부터 두만강까지 국경선을 확보하였고, 쓰시마 섬을 정벌하여 나라의 틀을 튼튼히 했어요.

단점을 장점으로 바꾸는 방법

성공한 사람들은 모두 장점만 있는 특별한 사람들일 것 같다고요? 아니에요. 그들도 우리와 똑같이 평범한 사람들이었어요. 다른 점이 있다면 그들은 자신의 단점을 깨뜨리기 위해 노력을 했다는 거예요. 지금부터 좀 더 나은 나를 만들기 위해 단점을 장점으로 바꾸는 방법을 몇 가지 알아볼까요?

⭐ 첫째, 생각을 바꾸기

민우는 친구들 앞에만 서면 떨려서 말을 잘 못 해요. 말도 더듬고 얼굴도 빨개지기 때문에 늘 자신감이 없지요. 하지만 이런 민우가 생각을 바꾼 뒤 반에서 제일 인기 있는 친구가 되었답니다. 어떻게 생각을 바꾸었냐고요?

민우는 조리 있게 말을 잘하지 못하기 때문에 친구들의 이야기를 항상 잘 들어 주었답니다. 그래서 '나는 말을 못하는 단점이 있다기보다는 친구들의 이야기를 잘 들어 주는 장점이 있어' 라고 생각을 했답니다.

단점을 장점으로 바꿔 생각을 한 것이지요.

너랑 말하면
마음이 편해.

⭐ 둘째, 긍정적으로 생각하기

지수는 어릴 때 사고를 당해서 다리가 불편해요. 그래서 체육 시간마다 친구들이 뛰는 모습을 우두커니 바라만 보았답니다. 땀을 흘리며 마음껏 달리는 친구들을 보면서 지수는 자신이 불행하다고 생각했어요. 하지만 지수는 곧 깨달았어요. 장애가 있다는 것은 조금 불편하긴 하지만, 그렇다고 못 할 일은 없다고요. 농구를 좋아하던 지수는 휠체어 농구단에 들어갔어요. 지금 지수는 휠체어를 탄 몸으로 열심히 농구 코트를 뛰어다닌답니다. 여름에는 그토록 배우고 싶어 하

휠체어
농구도
재미있어.

던 수영도 배울 생각이에요.

긍정적으로 생각하다 보면 단점에 좌절하지 않고 장점을 발휘할 수 있는 방법을 찾게 된답니다. 단점을 자기만의 개성이라 생각하면 희망이 쑥쑥 자라게 되지요.

⭐ 셋째, 다른 사람과 비교하지 않기

창기는 시험 결과가 나올 때마다 속이 상했어요. 항상 유리보다 성적이 나빴거든요. '유리는 예쁘고 공부도 잘하는데 왜 나는 이렇게 성적이 나쁜 걸까?' 창기는 속으로 자신이 불행하다고 생각했어요. 하지만 성적이 오르지도 않았는데 이제 창기의 태도는 확 달라졌답니다. 어떻게 된 일이냐고요? 창기는 앞으로는 친구들과 자신을 절대 비교하지 않기로 했거든요. 친구는 친구이고 나는 나일 뿐이니까요. 사람마다 타고난 능력은 다를 수밖에 없다는 사실을 받아들인 거예요.

끊임없이 자신을 남과 비교하면서 불평과 불만을 쏟아내기보다 자신이 갖고 있는 능력을 찾아 계발하는 것이 훨씬 행복한 일이랍니다.

> 꼴찌를 했으니 앞으로 올라갈 일만 남았어!

> 오늘 할 일을 내일로 미루지 말자!

⭐ 넷째, 지금 할 일을 다음으로 미루지 않기

"다음에 할게."

"내일 하면 되지."

누구나 이런 말을 한 적이 있을 거예요. 우리는 종종 오늘 해야 하는 일을 내일로 미루곤 하지요. 귀찮아서 또는 시간이 많이 남았다는 이유로 오늘 해야 할 일을 다음에 하겠다며 미뤄요. 하지만 오늘 할 일은 반드시 오늘 하도록 하세요. 내일이란 너무도 불확실한 날이에요.

귀찮거나 힘들어도 오늘 해야 하는 일은 오늘 끝마치는 습관을 들이도록 하세요. 그럼 장점이 또 한 가지 늘어난 자신을 발견할 수 있을 거예요.

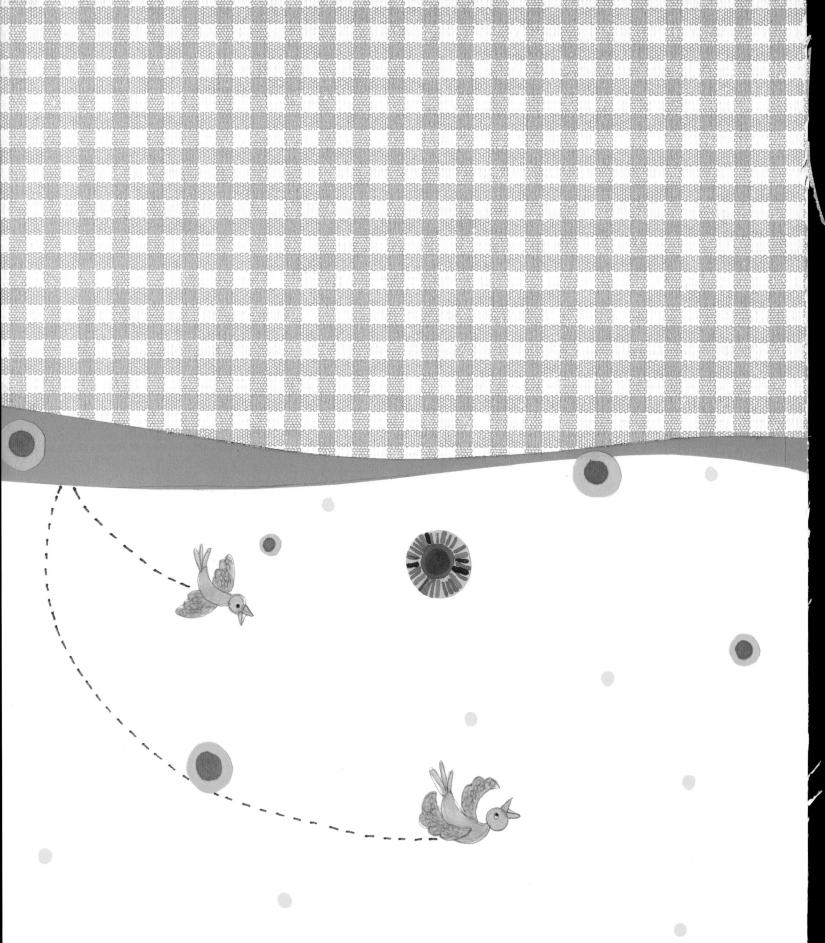